아껴둔 말

한비시선 108
아껴둔 말

초판인쇄 | 2019년 5월 30일 **지은이** | 박용구 **펴낸이** | 김영태 **펴낸곳** | 도서출판 한비CO **출판등록** | 2006년 1월 4일 제 25100-2006-1호 **주소** | 700-442 대구시 중구 남산2동 938-8번지 미래빌딩 3층 301호 **전화** | 053)252-0155 **팩스** | 053)252-0156 **홈페이지** | http://hanbimh.co.kr **이메일** | kskhb9933@hanmail.net **후원** | 월간 한비문학

ISBN 979-11-86459-98-0
ISBN 978-89-93214-14-7(세트)
값 10,000원

*잘못된 책은 교환해 드립니다.
*저자와의 협의로 인지는 생략합니다.

아껴둔 말

박용구 시집

시인의 말

숲과 나무는 인간과 서로 다른 언어로 말을 나눈다. 오월 훈풍에 부드럽게 속삭이는 숲속의 말들은 달콤한 솜사탕같이 감미롭다. 태풍이 불거나 산불이 나기라도 하면 숲과 나무는 정신을 놓아버려 빈사 상태가 된다. 때로 인간의 욕심이 그들을 헤치려 하면 그들은 피 맺힌 아우성으로 우리에게 소리 없는 외침을 한다. 그러나 아름답고 안정된 숲 속의 언어는 순화되고 정제되어 있다. 이런 숲속에 들어가면 인간의 병약함은 치유되고 퇴락한 정신은 다시 또렷해진다. 시어는 숲의 언어와 같아, 힘들고 바쁜 세상에 상처 받은 마음을 달래 주고, 안아준다.

정년하고 8년이 지나고 이제 희수가 되었다. 그 지난 세월이 아까워 그저 적어 왔던 것을 정리해 "아껴둔 말"이라는 시집을 낸다. 내가 느끼고 살아온 생활의 단편들이다. 앞으로 얼마의 시간이 나에게 남아있는지 모르지만 지금과 같이 항상 그렇게 살아갈 것이다.

차례

1부

맑은 날, 화려하고 거대한 숲

어머니는 식은 보리밥에
물 말아서
뒤뜰에서 갓 따온 풋고추를
된장에 찍어 같이 먹으면서
그 잔인한 여름을 보내고 있었다.

로즈무궁화 꽃 _012 어머니 _014 가을 앞에서 _018 우정 _019
지난 꿈 _020 평화 _022 걷고 웃고 읽으며 _024 비 내리는 산
길을 걸으며 _026 육신사-송산 박준규 _028 시인 _029 지나
치지 않고 적당하게 _034 절망 _036 감나무 _038 임을 보낸
마음 _040

2부

마음속을 두드리고 있다.

풀처럼 나무처럼
차분하고 엄숙한
가산 바위처럼
오늘 살아가는 것뿐

말言語의 파편 _046 가을 매미 _047 새해 _048 팔순에 가까워지니 _050 세월 _052 땡볕 _053 구월의 노래 _054 가산 바위 되어 _055 묵상 _056 노파심 _057 한여름 창가에서 _058 신부神父 _060 차를 마시며 _062 오늘 그리고 나 _064 아침 운동 _066

차례

3부

마음은 텅 비어 외로움을 타고

터무니없이 화려한 오월에
마음은 텅 비어 더 외로움을 타고
지나온 삶 속 아쉬움만 덧없이 쌓인다

초겨울의 숲 _068 오월 어느 날 차를 마시며 _070 관포지교 _072 수수꽃다리 _074 햇차를 마시며 _076 팔공폭포八公瀑布 _078 자장매 _080 희수喜壽 _082 금강사 _084 추석을 맞으니 _085 개잎갈나무 _086 엄나무 _088 형의 부음을 받고 _090 물푸레나무 같은 사람아 _092 아미산 _094 한 번뿐 _096

4부

차분한, 깊은 생각

움트지 않은 나무 잔가지
꽁꽁 얼어붙은 계곡물
파도처럼 퍼지는 봄의 속삭임
다 듣고 있다

현비암 _102 막내동서 _104 중추가절 _106 민어 _108 폭포골 _110 일흔두 송이 장미꽃 _112 고산골 공룡 _114 비파나무 _116 새로운 시작 _117 건양다경 _118 곡성옥당 성당 _120 영취산 통도사靈鷲山 通道寺 _124

작품 해설 _김원중 _137

1부

맑은 날, 화려하고 거대한 숲

어머니는 식은 보리밥에

물 말아서

뒤뜰에서 갓 따온 풋고추를

된장에 찍어 같이 먹으면서

그 잔인한 여름을 보내고 있었다.

로즈무궁화 꽃

무더운 한여름 창문 앞
장미 닮은 무궁화 꽃 피었다.
이 꽃 고향은 프랑스
이사 올 때 친구가 기념으로 준 꽃나무다.
이제는 40년이 넘었으니
이 나무도 웬만큼 나이를 먹어
대궁이 손목만큼 굵어
꽃이 드문 한여름에 꽃 대궐을 만든다.

이집 저집 이사하길 여러 번이었지만
항상 마당 귀퉁이에 심어
올해도 똑같이 꽃이 필 때마다
나무를 준 친구의 마음을 생각한다.

그렇게 열심히 살았던, 그리도 건장하던 사람이
희수를 넘기더니
이곳저곳이 쑤시고 아파
엊그제 목 디스크 수술을 받았다고 한다.

몸에 칼을 댄다는 것은
죽기보다 싫다고 한 사람이다.
화타 같은 명의를 만나
올해도 화려하게 핀 로즈무궁화 꽃처럼

맑고 깨끗해지길
두 손 모아 기도한다.

어머니

우리 집 마당 한 귀퉁이에
참나리 꽃이 피었다.
옛날 어머니와 같이 살던
지야리 집 장독대에서도
무더운 한여름마다
피었던 꽃이었다.
이 집에 이사 오면서
그 장독대 참나리 둥근 뿌리를
가져와 심었다.

참나리 꽃이 핀
뒤 툇마루에 앉아
어머니는 식은 보리밥
물 말아서
뒤뜰에서 갓 따온 풋고추를
된장에 찍어
같이 먹으면서
그 잔인한 여름을 보내고 있었다.

그 무덥던 1950년 여름
냇가 건너 실룡 다리 위에
미국 제트기가 폭탄을 싣고
굉음을 내며 꼬라박고 있었다.

일곱 살배기 작은애는
겁에 질려
어머니 손에 이끌려
부엌 나무청 속에 숨어
천지가 동강 나는 굉음을 듣고 있었다.

폭격 소리가 그치고
긴- 정적
멎어 버린 시간이 흐른 뒤

집 울타리 키 큰 팽나무에서
한껏 목청을 올린 매미 소리에
다시 소스라쳤다

그렇게 그 무더운 여름이
매미 소리에 묻어 지나고 있었다

이제야 알게 되었다
그때 매미의 울음소리가 왜 그렇게
처절했는지를

여름이 깊어 갈수록
가을이 빨리 다가옴을
그 미물이 알았기 때문이다

어머니는 떠나고 안 계시지만
올해도 참나리는 곱게도
변함없이 이 먼 곳
이국 같은 대구 땅에서 피어났다.

어머니를 만난 듯이
지금은 머릿속에만 남아있는
물 말은 보리밥과
향긋한 풋고추를
생각하면서
들여다보고 또 들여다본다.

아-
지금은 다 흔적도 없이 사라져버린
그때 툇마루가 장독대가
그리고 참나리

아!
다시 보고 싶은
어머니!

가을 앞에서

무더위에 지쳐 늘어진 맨드라미 꽃잎 위로
조금 선선한 바람이 묻어나는 늦여름 햇살
사뿐히 내려앉아 졸고 있다.
소리 없이 흐르는 세월은
이제 새로운 시간의 옷깃 여미게 하고
무성해진 플라타너스 잎 색도
서서히 새 주인을 맞이할 준비를 하고 있다.

귀뚜라미 소리, 코스모스 흔들림, 단풍잎 색깔,
연못 안 수련까지도
내 가슴 위에 쏟아져 내리지만
그래도
푸른 하늘과 둥근 달
아- 가을은 이미 내 마음에 와 있었다.

우정

오늘은 여름 보양식이라는
민어회를 맛보기 위해
태평양 횟집으로 간다.

목포 앞바다 갯벌에서 자란
귀하신 몸
어렵게 연을 넣어 택배로 모셨는데

세븐스타 북두성
참이슬 정종 카스 거기에다 장수막걸리까지
일배 일배 부일배

사십 년대 연식, 큰 고장 없이 달려온 것은
몸에 좋다는 건강 멘트 고맙고 감사하니
이보다 더 좋은 관포지교 또 있을 손가!

지난 꿈

임아, 내 임아

솔잎 끝에 이슬방울 매달아
눈시울 붉히는 찬바람 소리
세찬 바람에 파도 타는 갈매기들
꿈 넓히려 몸짓하였다.

폭풍 소리로 지나가 버린 추억
아직도 남은 찬바람에 추위 느끼며
이불 속 잠 깨지 않은 내 몸짓
말없이 미소만 보여 줄까 하네.

다 잃었다가 되돌아보는 작은 미련
매미 울음에 내 가슴이 두근거릴
아무도 모르는 문자를 보낼까
금방이라도 사랑의 대답 돌아올 것 같다

창밖에 내린 눈에 발자국 찍어
귀여운 소녀처럼 철없이 깔깔 웃음 내올까.
애타는 이 마음에 작설 한 잔
눈 뜨고 알 수 없는 생각에 잠겨 있다

벚꽃이 만발한 가로수 길에

꼭 잡고 하늘 높이 뛰어 날고 싶고
상큼한 살구 알 함께 깨물지만
바닷가는 작은 물줄기로 주름을 잡네.

읽어주는 주체 못 할 시 한 구절에
샐쭉해진 얼굴에 느끼는 인생무상
가득한 봄 소리에 넘치는 함박웃음
그 같은, 저 같은, 지난 꿈 그리움 짓는다.

평화

늙은 매화나무 가지에도 꽃이 핍니다
동토의 땅 북녘에서도
나를 생각하나 봅니다.

누런 잔디밭에 파란 새싹이 돋아옵니다
광활한 중화를 거쳐
나를 찾아 기차가 달려갑니다.

아직도 아침저녁으로 남겨진 추위는
길고 긴 미움과 고통의 시간 끝내려고
이제 나를 찾아 나섰습니다.

향긋한 꽃 내음이 퍼져나갑니다
한라에서 백두까지 근역 삼천리에
내 노래가 울려 퍼질 것 같습니다.

걷고 웃고 읽으며

오늘 교보문고에서
새 책 사인회가 있다고 한다
팔순이 넘은 나이에 수필집
그 제목이 "걷고, 웃고, 읽으며"이다

그는 역경을 딛고 일어난 사람이다
태평양 전쟁의 와중에서 태어나
역사의 소용돌이 속에서
소년 가장이 되어 어렵게 살았다

참고 견디고 이겨내
스스로 주경야독의 학창시절을 보내고
새로 만든 길 위에
해바라기처럼 화사하게 피었다.

아직도 일할 수 있는 힘이 남아있을 때
어렵고 힘든 일을 자청한 성품에
쇼크로 한쪽이 어둔해져
휠체어에서 일어나 지팡이에 의존하여

지치지 않은 모습으로
수많은 독자가
사인을 받기 위해 줄을 서 있는

작은 책상에 앉아 움직이는
한쪽 손으로 사인하는 저 사람!

비 내리는 산길을 걸으며

샤워 마치고
물기 어린 머리카락
어깨선 아름다운 여인 같은
비 내리는 숲길 걷는다

적막함.
젖어버린 숲속에 온통 내리고
원근
없어진 사물들

맑은 날 화려하고 거대한 숲
물에 젖어 다소곳이 내 곁에 내려앉자
잊고 살았던…
당신 숨결소리 들려온다

육신사-송산 박준규

사육신 삼대 남자 능지처사 다 당했는데
팽년 둘째 아들 유복자가 태어나
종의 딸과 바꿔 쳐
묘골 육신사 터에 숨죽이고 살았다.

세월 지나 충신 되어
외가 쪽 재물 받아
태고정과 육신사 만들어
순천박씨 대를 잇다

육신의 숭고한 정신 면면히 이어와
아홉 번 국회의원 세 번 국회의장
현대 정치사에 오롯이 빛나는
여기 있다 송산松山

시인

시인은 누구일까?
자연을 보고 아름답다고 노래한다고
시인이라 할 수 있는가?
시인은 하얀 햇살 속에서
무지개를 찾아내는 사람.

시인은 사람들이 즐겁게 노래 부른다고 말하는
꾀꼬리 한 쌍을 보고
그 울음의 속내를 찾아내야 하며
어제도 오늘도 그렇듯이
하루 종일 숲속을 헤매도
살찐 메뚜기 한 마리 찾지 못해
피골이 상접해서 울 수밖에 없는
작은 굴뚝새의 울음소리에서
지구의 종말을 듣고 알아낼 수 있는
심안을 가져야만 한다.

금강산 일만 이천 봉 구룡폭포의 장관을 보고
아- 아름답다. 라고 말하는 사람들 속에서
구룡의 암벽이 뭉개지며 썩어가는
아우성을 듣고
지구가 병들어 죽어가며
비명을 지른다는 것을

눈으로만 보는 인간들에게 알려야만 한다.

그저 속절없이 흘러가는 세월을 따라
인생도 늙어가 사라져버린다고
서글퍼하는 사람들에게
그 안에 숨겨져 있는 참됨을 찾아
찰나같이 짧은 시간을
붙잡아내어 큰소리로 외쳐야 한다.
이것이 우리의 삶이라고
이것이 우리가 찾아가야 할 인생의 길이라고

시인은 알아야 한다.
작은 나팔꽃에서 남이 보고 듣고
잡아내지 못하는
생명의 신비를 반드시 찾아내야만 한다.

시인은 세속화되면 안 된다.
사람의 본능을 역설하는
행동과 몸가짐을 가져야 한다.
먹고 마시고 사랑하고 그리고 뒹굴어 대는
생물학적인 삶으로 추락하면 안 된다.

안개 끼어 잘 보이지도 않는 시야 속에
정신을 가다듬고 희미하게 흘러가는
진실과 참을 찾아내야만 한다.
그래서 그것을 순화된 언어로

사람들이 알아들을 수 있도록 말 해주어야만 한다.

아주 오래전에도 시인이 있었고
오늘날에도 있고 또 미래에도 시인은 있다.
그러나 시인은 삶에 대해 인생에 대해 사랑에 대해
당당하게 큰 소리로 일반 대중에게
알려주어야만 하는 책임을 져야 한다.

한여름 풍성한 숲속에서
녹색식물의 오묘한 생명의 섭리를 깨닫고 밝혀내어
세상에 알려야 한다.

오늘 나는 시인이 되었다.
남들이 문단에 등단해서 시인이 되었다고 말한다.
그러나 시인은 그렇게 사람이 만든 틀 속에서
찐빵이나 만두를 쪄내듯 나오는 산물은 아니다.

시인은 스스로 뛰어나야만 한다.
시인은 스스로 용감해져야만 한다.
시인은 결코 죽음을 두려워해서는 안 된다.
시인은 결코 권력과 타협해서는 안 된다.
시인은 결코 돈에 눈이 멀어서도 안 된다.
시인은 일생을 외길로 향해가는 구도자가 되어야 한다.
시인은 행동과 말과 사고가 그야말로 시인이어야 한다.

시인이란 말은 장식용 수사가 아니다.

시인이란 말은 남에게 자랑하기 위해
존재하는 것은 아니다.
그래서 시인은 시인다워야만 한다.

사물을 꿰뚫어 볼 수 있는 안목
남을 압도적으로 설득할 수 있는 철학
자기 생각을 틀림없이 남에게 전달해야만 하는
책임을 갖고 있어야만 하는 것이다.

아- 나는 이런 시인이라는 이름을 가지게 되고 말았다.
나는 이제 어쩔 수 없는 시인이 되고 만 것이다.

지나치지 않고 적당하게

요즘 나이는 숫자에 불과하다고
젊은인지 노인인지 알 수가 없네
이삼십 년 전만 해도
칠팔십이면
이미 북망산천이 제집이었는데
이젠 백세보험 수익 높다는 세상이 되었네

40, 100, 120, 200,
간염 AST, 공복혈당, 혈압, 지질
혈압 재고 운동하고
운동하고 혈당 재고
또 재고 체크하니
9988234는 따 놓은 당상일까

중학교 때
2.0, 22, 35, 135
시력, 신발 크기, 몸무게, 키만 알면 되는데
칠순 넘어가니
알아서 체크 하랴 할 것도 하나둘이 아니니
백세까지 살려다가 지치고 말 것 같아
백오십오 세를 살았다는
올드 퍼
할배 사진 다시 보네

돈, 많으면 좋고
성적 높으면 좋다하지만
건강 수치는 적당이 최고라 하니
과유불급 제격이네

절망

진흙에 스미어 드는 빗물처럼
아픔이 온몸을 잡고 흔든다.
이제 네 삶이 종점에 와 있는 것 같다.

과다루페, 루르드, 파티마에서도
기적이 일어났다고 하는데
고통을 견디지 못하고
숲속으로 기도처로 절간으로
기적을 찾아 떠난다고 한다.

아들 공부시켜 장가보낸 지 한 해
아직 그대로 집에 남아있는 딸내미
시집보내야 한다는 마누라 안달이 부쩍 늘었는데

독한 병이 온몸으로 퍼져 로봇으로 잘라내고
항암제로 머리털이 빠진다고 걱정하는데
이렇게 쉽게 끝나는 것이 인생이라는 것....

공자 석가 예수에 대해 더욱 깊이 생각해 보았으면
좋았을 것인데
이미 화살은 활시위를 떠나가 버렸다.

초가을 코스모스 꽃이
찬 아침 이슬을
온몸으로 적시어 가면서
꽃을 피우듯이

이제 작은 생명의 끈을 놓아야만 한단 말인가?
다시 또다시 성당 십자가 앞에서
주님의 은총에 고개 숙인다.

감나무

첨성대 별 다섯 개 달고 시작한 감나무 학교
교문 입구에 심어진 나무
팝콘 닮은 꽃이 뚝뚝 떨어지는 5월
청춘의 메아리가 울려 퍼진다.

청운의 꿈, 청년과 숙녀들
혈기 방자함이 무엇에 비길까
청춘의 계절
화려한 비상을 꿈꾼다.

일청담
등의자 기대앉아
동아리마다 신입생 맞이하러
캠퍼스의 오월은 여전히 바쁜 하루다.

화려한 꽃시계 본관 앞 눈향나무
양탄자 같은 잔디 위에
따스한 오월의 햇볕이 눕는다.

본관 석조건물
오랜 세월 흔적
야외 박물관 석탑 아래에서
석양을 등지면 그리스 석조 신전

높이 솟은 도서관 책들로 가득하고
분주히 움직이는 학생과 교수들
크림색 감꽃 아름다운 교정
열성으로 점철된 한국의 지성이다.

임을 보낸 마음

오호 애재라!
어찌 이런 일이 있을 수 있으리오.
한평생 천직으로 여기고 살아온 직장을
이제 막 정년하고
그동안 미루어 놓았던 제2의 인생을
시작한다고 하시더니…

제일 먼저 지구의 지붕 히말라야
그곳에서도 제일 아름답다는
안나푸르나 봉 트레킹
꿈에도 그리던 그곳,
그 기쁨 오죽하였으리요.

기쁨이 넘친 것인가요?
아니 그곳이 그렇게 좋던가요?
어찌해 그곳에 잠들고 말았나요?
포근한 우리 땅 사계를 뒤로하고
그 먼 이국땅 안나푸르나에 잠들고 말다니!
어찌 그리될 수 있겠는지요?

그러나 생각해 보세요,
세상 어느 누구도 죽지 않고 영생할 수 있나요?
인생은 공수래공수거

언젠가 헤어지고 언젠가 다른 세상으로
떠나가는 것

무겁고 어둡고 침울하고 어려운
인생살이를 달관하고 있는 사람을 시인이라 하지요
당신이 그것을 어찌 모르겠나요
그러나 아쉬움도 떨쳐내지 못하고
가슴속에 남아있는 사랑의 불꽃 다 태우지 못하고
하고 싶고 꼭 해야 할 말이 이리도 많이 남아있는데
그대로 먼 길을 떠나버린 그 임 생각에
어찌 애통하지 않겠는지요!

그래도 인생을 달관한
시인은 눈물을 보여서는 안 됩니다
회자정리會者定離
그대는 누구보다 잘 알고 있기 때문입니다.

사람마다 마지막 가는 길이 다르지요.
죽음의 그 험한 문턱을 넘지 못해 수십 년간
작은 병상에 누워
있는 정 없는 정 다 떼고 가는 사람도 있고,
치매에 걸려 제정신을 잃어버리고
살다가 가는 사람도 있어요.

화려한 벚꽃이 그렇지요
그 꽃이 질 때처럼

아쉬움 애틋함 그리움 그리고 또 잊지 못할 정을
그리도 많이 남겨놓고 가신 그 임에게
그대는 진정 웃으면서 감사하면서
보내드려야 하지 않겠는지요!

마음에 그리움이 남아
못내 다하지 못한
사랑이라는 말이 남아있음에
가슴이 미어지는 슬픔을
어찌 다 삭일 수가 있겠소마는

그래도 임이 보여준 마지막 가는 길
웃음으로 답해야 하지 않을까요!

가셨습니다. 떠났습니다.
그래도 가지 않고 떠나보내지 못한 그리움이
가슴속에 물먹은 솜뭉치처럼
무겁게 가라앉아있습니다.
웃으세요, 그래도 미소를 보여야만 합니다.
왜냐구요?
그대는 가신 임을 진정으로 사랑하였기 때문입니다.

시인이여!
요 며칠간의 꿈같은 일들의 혼돈 속에서 빠져나와
싸늘한 찬바람이 부는 얼어붙은 맑고 푸른 하늘을
한번 쳐다보면서 심호흡을 해보세요!

그리고 말씀하세요!
잘 가시라고 잘 가셨다고

그렇게 가시니 내 가슴 속의 그 임은
결코 보낼 수 없게 되어 버렸다고
항상 같이 언제나 함께 변하지 않게
살고 있게 해줌에 고맙고 감사하다고…
해맑은 미소를 같이 보내주세요.

2부
마음속을 두드리고 있다.

풀처럼 나무처럼

차분하고 엄숙한

가산 바위처럼

오늘 살아가는 것뿐

말言語의 파편

단어가 깨어져 말이 되지 않습니다.
깨어진 파편들을
마블처럼 맞춰 보지만
원래 그림대로 만들어지지 않습니다.

잃어버린 과거의 추억들이
봄날 아지랑이 속에서
민들레 꽃 처럼
아롱거릴 뿐입니다.

마치 모르스부호 처럼
내 생의 파편들이
폭격에 무너져 깨어진 건물의 잔해처럼
의미 없이 널브러져 있을 뿐입니다.

가을 매미

한여름 숨 막힌 무더위
시공이 완전히 정지해 버린
적막함이 대지를 덮는다.

이글거리는 태양은
침묵의 징채로
팽나무 이파리를 쳐 내리는
오후 2시

찡- 찡-
무거운 정적을 깨고
멍 때린 하늘을 찢는다

매미, 가을 가깝다고
온 힘을 다해 소리쳐
팽나무 이파리를
쨍쨍
치고 있다

새해

매섭게 추운 한겨울 푸른 햇살
청아 빛 소나무 잎 위에 부서져 내려
속절없이
함박눈 기다리는 마음

세한 송백 아름다운 계절에
나목 빛난 겨울 산
속살 훤하게 보이니
마음 따뜻해

지난 한 해
높이 자란 느티도
떡깔 물푸레 같은 사람도 만났다
열매 색 예쁜 작살나무도
세 밑 사랑 비목나무 열매도
모두 사랑스럽고 아름다웠다.

새해는
감태 노린재 같은 키 작은 나무도
다정큼 동백 같은 남쪽 나무도
만병초 자작 같은 추운 곳 식물도
구상, 시무나무 같은 우람한 나무도

찬바람 스쳐 지난 청아한 사시도
다시 만나 정다운 숲속 이야기 나누고 싶다.

팔순에 가까워지니

단지의 이름은
단지 모양에 따른 것이 아니라
들어있는 물건에 따라 불린다.

꿀이 담기면 꿀단지
꽃이 담기면 꽃단지
똥이 담기면 똥단지

사람의 몸뚱이도 마찬가지
마음이 착하면 선인
뒤틀리고 꼬이면 악인

나이 들고 세월 가면
귀함의 생각도 달라진다.
마음속에 두서없이 쌓아놓은
욕심의 잔재를 날려 보내고
내 몸은 빈 단지가 되고 싶다.

세월

높은 곳에 지어진 집 전망 좋아 이사하였다
대도시지만
아래쪽 주택들이 밀집한 곳
울긋불긋 지붕이 이어진 이층집들
밤이 되면 창문마다 불빛 비쳐
사람 사는 냄새에 정감이 든다.

바로 앞 단독주택이 헐리고 4층짜리 원룸이 세워지고
그 옆집 또 원룸이 생겼다.
열두 방 창문에 불이 켜진 곳 두 서넛
이제 4, 5년 지났는데 벌써 생기가 없다.

몇 번째 주인이 새로 바뀌고
은퇴한 듯 중늙은이
아침마다 빗자루 들고 집 앞 길을 쓸고 있다
세상모르는 교직 은퇴자 원룸에 목맨 것 아닌지
쓸데없는 걱정에 이 밤도 하얗다.

땡볕

청잣빛 하늘

태양의 이글거림

숨 막히는 정적

늙은 호랑이

소리 없는 아우성

용광로 앞 육신

휘몰이장단 블랙홀

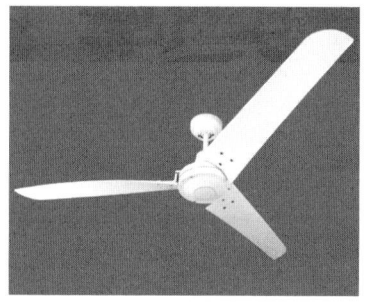

구월의 노래

맑은 하늘
고추잠자리 날갯짓

긴 목을 뺀
코스모스
살랑거림

여름 지난
가을 매미
목쉰 울음소리

아- 그렇게 가을은
소리치며
마음속을 두드린다.

가산 바위 되어

한여름 푸르던 잎새
긴 인동 세월
준비하는 가을

속세 짐 지고
견디고 참으며
올라온
가암袈岩

가을 나무 빈 가지
목 쉰 아우성

풀처럼 나무처럼
차분하고 엄숙한
가산 바위처럼
오늘을 살아가는 것뿐

묵상

남향의 서재 책상 앞
책이 꽂힌 책장 한편
이름 없는
청자색 단지 하나

오래전 글 쓰는
친구에게서 받은
호랑이는 바람 따라오고
용은 구름 따라온다고 쓰여 있다.

먼저 간 그대 추억
가슴 시린 늦은 겨울의 찬바람
눈 감고 깊은
묵상에 잠긴다.

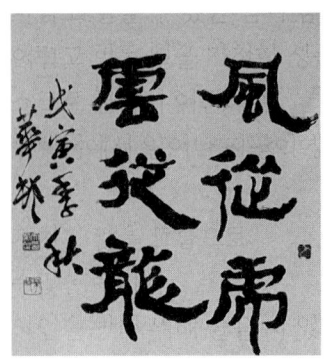

노파심

사월 초순 꽃샘추위
옅은 구름에
손발 시린 날

원룸 앞
책상 의자 식탁 침대
낡은 자전거 한 대 옷 보따리
젊은이 한 사람
이삿짐 일 톤 트럭 한 대

최저 임금 알바?
청년 실업자?
신방은 언제?
답답한 노파심

한여름 창가에서

칠월의 더위가 아직도 이어지는 팔월 첫날
이웃 나라를 지나간 태풍의 뒷자락엔
높다란 흰 뭉게구름
적도의 더위를 품고 뒹군다.

가만히 앉아 푸른 하늘 올려다보면
아찔한 현기증
아직 청운의 꿈
거기에 남아있다.

여전히 여름의 더위가 한창인데
가을이
구렁이처럼
문턱을 넘어 들어와
온통 풍성하고 넉넉함이
파도 되어 넘실거린다.

신부神父

가톨릭 성당 신부님
하느님과 인간 사이에 사는 사람들이다.
이름하여 메시아

인간은 하느님에게 직접 갈 수 없다.
오로지 중간자 메시아를 통해서 갈 뿐이라고
하느님께서는 베드로에게
"나는 너에게 하늘나라의 열쇠를 주겠다."하여
교회법에 정해져 있다.

우리는 오늘도 고해소에서
그분을 통해서
고해성사를 보아야만 하는 것이다.
오늘 고한 죄가 말끔히 사함을 받았는지?
스스로 반문하면서 고해소 문을 나온다.

오늘 그러한 신부님이
새로 우리 성당에서
탄생하셨다.

많은 신자와 동료 선배 신부님들이
함께 모여
축하를 했다.

연약하고 어린 신도들은
두 손 모아
하느님의 대리자 베드로의 탄생을
평화가 가득한
희망의 세상을 만들어 가자고 기도하였다.

차를 마시며

송홧가루 날리는
오월 한때
향기이면서 그냥 향기가 아닌
음료이면서 세속의 것이 아닌
그러한 차를 마신다.

별빛 스민
아침 이슬 머금고
땅속 깊이 흐르는
산 정기 싣고
아기 손처럼 곱게 된 찻잎 우려

함께할 벗 없어도
벙그는 모란꽃 보며 한잔
연못 위에 어리는 고요와 함께 한잔

그 고요 속에 잠기며
내가 있는 듯 없는 듯 다시 한잔

오늘 그리고 나

어찌 인생을 무심히 흘러가는
한 조각 구름 같다고
의미 없이 스쳐가는
바람 같다고만 할 것인가요?

상병은
"이 세상일을 다 하고 저 높은 곳에 올라
이 세상의 소풍이 아름다웠다고!"

동주는
"별을 노래하는 마음으로
나한테 주어진 길을 걸어가야겠다고!"

화려하되 사치스럽지 않고
검소하되 누추하지 않게
살아가는 것도
행복하고 즐겁고 의미 있는 삶

어떻게 할 수 없는 일에 연연하여
마음 아파하지 말고
청춘이 다 가버렸다고
눈물 흘리지 말고

하루를 더 살아도 앞에 있는
해야 할 일에
더 큰 의미를 두고

이렇게 살고 있는
내가
당신이
그리고 우리가
언제나
행복하고 아름다운 것

그래, 그렇지요
인생은 아름답고 행복하고 즐겁게
살아가는 여행인 것을

아침 운동

동네 뒷산 아침 운동을 하러 갔다.
30년 전 이 동네 이사와 처음 갔을 적과 같이
사람들이 국민체조 하고 있었다.
일제강점기부터 계속되어온 체조 내용
태어날 때부터 지금까지 해온 운동이니 머릿속에도
몸에도 저절로 배어있다

숨쉬기부터 높이뛰기까지
마지막 숨 고르기로 한 순번이 끝난다.
단지 단상 위에 서서 하는 운동 선생 모습은
그대로이지만
몸매나 움직임은 예전 같지 않다.
부질없이 흘러간 세월
그 세월이 아쉽다.

3부

마음은 텅 비어 외로움을 타고

터무니없이 화려한 오월에

마음은 텅 비어 더 외로움을 타고

지나온 삶 속 아쉬움만 덧없이 쌓인다

초겨울의 숲

낙엽 져 나목 숲에 들어서면
나무들의 숨소리가 더욱 선명해진다.
쌕쌕 아기 숨소리
꿀럭꿀럭 해수 기운이 든 것 같은 초로의 기침 소리
건강하게 잠자는 모습이 아름다운 나목도 있다

나는 겨울 산이 좋다.
그것도 초겨울
이제 막 옷을 벗고 추위와 맞서려고 하는
그 무대포 같은 철없어 보이는 용기가 좋다

큰 둥치에서 뻗어 나간 작은 가지까지
스치는 찬바람에도 추위를 느끼듯
파르르 떠는 모습이 안타깝다

나무들은 이제 다시
내년의 새 생명을 위해
태산의 고통을 참고 견디며
인내하는 겨울을 준비하는 것이다.

군데군데 아직도 그 두꺼운 외투를
벗지 않고 있는 상록의 나무들
그들은 이 겨울을 즐기고 있는 모습이다.

유비무환이라고 했든가
한여름의 덥고 더운 고통이 겨울을 지내기에
한참 편해지는 모양새다

온갖 낙엽이 깔려 있는
산길을
사부작사부작 걷기 얼마나 좋은가?
낙엽은 태우는 연기도 향기롭지만
밟고만 지나가는 발걸음
쥐 잡으러 가는 고양이 발끝처럼 가볍다.

하늘에 흰 구름 떠 있고
서북쪽의 바람 소리
더욱더 세어지면
산속의 나목은 서로를 껴안고 의지하면서
다시 이웃사촌을 생각하나 보다.

오월 어느 날 차를 마시며

진한 차향에 끌려 석양이 드는 정자에 올랐습니다.
줄 맞춰 잘 가꾸어진 차밭엔
진초록 찻잎이 지천으로 널려있고
그 높다란 정자에서
내 옷섶과 마음에도 푸른 향기가
곧 젖어 들 것을 알았습니다.

황혼의 부드러운 햇살이
미끄러지는 정자 마루에서
노랑 장미꽃처럼 웃는 여인을 만났습니다.

여인은 연잎 모양의 동그란 찻잔에
연녹색의 녹차를 내리고 있었습니다.
여인의 버드나무 눈썹에
잔잔한 부끄럼이 묻어나는 것을 보았습니다.

찻잎이 다 피고 나면 나는 다시 산으로 가고
그러고 나면 두견새 울음소리
녹차 향을 다시 살려 낼 것입니다.

그러나 잊지 못할 일이지요.
황홀한 5월, 저녁놀 지고

작은 어둠이 밀물처럼 스며들어오는 초저녁
따뜻한 녹차 한 잔 마음의 닫힌 문이 열렸습니다.

관포지교

잠을 편히 자야 몸이 가뿐하다.
쿠션 좋은 라텍스 매트
전기장판 전자파 문제라고 하여
겨울엔 온수 매트로 바뀌었다.

건강에 일가견이 있는 오랜 친구가
새로운 보온매트 탄소섬유 열선으로
숙면할 수 있다고 입에 거품을 문다
하나 살까 하고 생각했을 뿐인데
멀리서 택배로 왔다.

정식 주문도 하지 않았는데
흥미를 보이는 이야기 듣고
봉산이 보낸 것이다.

현찰을 보낼 수도 없고
전화로 고맙다는 인사는 했지만
한두 푼 하지 않는다는데
마음이 무거워
숙면 매트가 숙면이 되지 않는다.

상선약수가 몸에 배지 못한 탓인가
그저 주면 좋아 받고

좋으면 즐거워해야 하는데
아직도 마음 공부가 얼마나 가야
영원한 자유인이 될는지!

오늘도 관포지교의 매트 위에서
새벽을 맞는다.

수수꽃다리

미국에 유학 간다고 담 밖에 심어주고 간
내 키보다 작은 수수꽃다리
세월이 지나 서너 길이 넘게 커
매년 5월이 되면 보라색 꽃물결을 이룬다.

엉성한 키에 빈 맘처럼 철없이 보였는데
마음먹은 목표 달성해
씩씩하게 돌아와
딸 하나 아들 하나 잘도 키워
가정을 이루어 복 받아
수수꽃다리는 그때도 처음처럼
보라색 향기를 피웠다.

다른 집으로 이사 와 수년이 지나
어느 날 옛집 앞을 지나며 보니
담밖에 심어 30살이 되었을
수수꽃다리 싹뚝 몸통이 잘려나갔다.
그 집에 무슨 일이 생겼다고
수수꽃다리의 말

그래, 그래 하는 일이 힘들고
지겨워서 모든 것 접고 조기 정년 했다고
왜 그랬을까 아쉬워하면서

나무는 그 사람의 마음을 간직하며 보여주며
살고 있었음을 이제 알았다.

햇차를 마시며

늦은 봄 따스한 햇살
진한 더위 점점이 묻어나는 날
작은 차실에 앉아 햇차 내린다.

오월 초순 일찍 만든 풀 향 짙게 밴 옥로
먼 고향의 향기 잡는다.

도란도란 지난 이야기 나누며
차 마실 사람 없어
차상 앞 혼자 앉아 잔 비운다.

은은한 차향
의순의 탄생지를 복원한다던
육덕 진 스님 몸 내음이 묻어난다.

차茶란 도道란 선善이란
같이 되어 무엇을 만드는가
듣고 읽고 보아도
알 수 없는 선문답

터무니없이 화려한 오월에
마음은 텅 비어 더 외로움을 타고

지나온 삶 속 아쉬움만 덧없이 쌓인다

조용히 내린 두 번째 잔
같이 한 아름다운 잔상 속
따스한 속마음 같은
평화가 자리를 펴
한결같은 마음도 같이 마신다.

팔공폭포 八公瀑布

울창한 소나무 숲 청량한 폭포수

상중하 삼단 폭포 물소리 수려한데

백 척 비단 긴 휘장 걸친 것 같아

말복의 무더위 일순에 사라지네

가파르게 올라 만난 진불 암자

정적 깊은 산 속 도량, 도라지 참나리 향기 높고

입추 지나 이삼일 가을벌레 벌써 우니

인생은 무상 일장춘몽이라네

자장매

봄!
가장 먼저 봄소식 전해주는
자장매가 피었다는
영취산 통도사로 간다.

진신사리 모신 금당 불상 없는 대웅전
팔정도 탑 영각 앞 자장매
얼음 같은 날씨에
붉은 향로 열어준다.

정초 추위에도
봉오리 부풀어 탄탄하지만
활짝 핀 꽃 아직은 두어 송이
암향暗香에 취해 눕다.

해 묽은 몸매 고풍에 젖어
잘게 뻗은 가지 마디
깊은 번뇌 담은 꽃망울
다가올 봄소식이 한껏 담겼다.

친구에게 봄소식 전하려
열린 꽃 초점을 맞춰

찍어낸 사진 몇 장
자장율사 선심이 그대로 담겼다.

희수 喜壽

희수 되니
깜박거림이 일상화되어
오십 년을 사귄
친구 이름도 수시로 깜깜해지는데

시 배우겠다는 마음은
버리지 못하고
평생교육원에 등록했다.

시경을 접해보고
논어를 읽고 대학 중용을 대했지만
당시 300수와 친한지 칠팔 년

가끔은 이백과 두보가
때로는 왕유의 망천 산장
눈에 선한데
그래도 소이부답笑而不答 심자한心自閑이라는
이백의 한마디가
별유천지 비인간이라는데

나이가 많다고 하고 싶은 것을
접어야만 하는 것은 아닌 것 같아
팔순이 가까워진 내 주머니에서

생기 넘친 시어를 찾아 적을 때면

사춘기의 희열이
가슴을 적시고
또 다른 새 마음이
문을 여는데...

금강사

춘삼월 봄바람에 매화꽃 떨어지고
칠백 리 낙강 물 유유히 흘러간다.
금정산 고모영신 차 밭골 청수로 빚은 차
헌다례 백팔선녀 하늘에서 내려왔나
대웅전 앞마당 꽃비 내려 황홀한데
찌렁찌렁 송림 흔드는 혜승 스님 염불 소리
십오 년째 이어온 소전 금강차향
속 뼈까지 스며들어
풋풋한 새싹처럼 옛 정취 전해오니
봄 나그네 마음 어찌 이리 풍성할고

추석을 맞으니

가을 깊어 가는 중추가절
하늘에 달이 뜨니 추색秋色 더욱 짙어 진다.
부질없는 지난 세월 나이만 먹고 말아
몸은 이미 늙었으나 생각은 아직도 청춘
둥근 달에 비친 고향 땅, 죽마고우 노랫소리
풍년가, 누런 황금들판 눈에 선한데
탐욕, 욕심 다 버렸다는 난
언제쯤 둥근 달 쳐다보아도 부끄럼이 없어질까.

개잎갈나무

동대구로 길 한가운데 길가 양쪽
개잎갈나무 줄지어 서 있다.
동대구역에서 수성관광호텔까지
훤하게 뚫린 길로
VIP 자동차 들어오면
나무들은 가지를 하늘로 뻗치어
힘차게 손을 흔든다.
나무도 알고 있다.
자기를 좋아하는 사람이 누구인가를

세월이 흘러 환갑이 넘은 나이
청석받이 위에 걸쳐진 뿌리
맥이 다 빠져
이제는 갈 때를 알고 있으나
이미 가고 없는 영웅
환상에 젖은 시민들은
그가 좋아했다는
애꿎은 나무를 붙잡고 놓아주질 않는다.

물과 공기
햇빛만을 먹고 사는 나무마저도
인간들의 욕망을
벗어날 수 없어

이 무더운 대구
여름 땡볕 아래서
고령의 지친 몸을 헐떡이고 있다.

엄나무

주차장에서 갓바위까지 딱 2키로
중간의 관암사까지 반이 조금 넘는데
쉬엄쉬엄 올라가 시원한 약수로 땀을 식힌다.

길 가운데 우뚝 솟은
안방 문설주에 얹어 놓으면 귀신을 쫓는다는
큰 엄나무 하나

몸에 좋다 하여 호시탐탐 노리는
산채군 뿌리치고 맑은 세상에 당당하게 서서
오늘도 갓바위 오가는 사람들 이야기 삼매에 빠졌다.

가시 달린 몸매가 무서워
사람들이 두 손 모아 소원을 비니
자기도 몰래 어느새 신목 행세하고 있다.

병고에 아픈 사람, 사업에 실패한 사람
사랑에 버림받은 사람
그보다 가엾은 사람은 잊힌 사람이라는데

영험한 갓바위 부처님
마음속 쌓인 걱정 근심
하늬바람 함께 날려 보낼까

팔공산 갓바위 길 복판 엄나무
쉬지 않고 쏟아내는 그 많은 이야길
오늘도
한 톨도 놓치지 않고 치부하고 있다.

형의 부음을 받고

하늘은 파랗고
공기 청명한 무던히도 맑은 2월 중순
용띠(?)든가 말띠(?)든가
일제강점기 시절 세상의 빛을 보고
민족광복, 미군정, 한국전쟁 그리고 휴전
위태위태 이승만 정권, 초중고등을 마치고
3·15 부정선거, 4·19혁명, 뒤 따른 5·16쿠데타
그 와중에
"맹호는 굶주려도 풀을 먹지 않는다"라는
그곳을 나와
나무와 숲이 좋아 고종황제 누워 계신
바로 옆에서
세상살이를 시작
인왕산 밑 청기와 집에서도
단종의 숙부가 잠든 곳, 수목원에서
재미있고 멋있고 즐겁게 보내시더니
아직도 혈기 왕성한 젊은 60대 초반
나이 들었다고 모든 일 다 끝냈다는데
우리 숲의 역사를
유네스코UNESCO 기록문화유산에 등재 시키는데 매달려
자고 나 밥만 먹고 그리도 열심히 하더니
즐거운 소풍 잘 마쳤다고 원래 있던 곳으로
말도 없이 훌쩍 먼저 가셨다는 전갈을 받는다.

많은 동료와 선후배들이 슬퍼하는 소리
하루 종일 카톡 카톡 끊이지 않고 있다.

그러나 난
오천 년 역사 중
최저 생활권에서 선진국 대열에 올라온
가장 좋았던 80년간을 같이 해 온
형은
분명 행운아였소.
'Hodi mihi Cras tibi' 라 하지 않던가요
아름답게 살다가 먼저 간 형을 부러워하며
머지않아 우리 모두도 같이 만날 때까지
잘 가시라, 잘 계시라 말을 전하오.

물푸레나무 같은 사람아

졸업한 지
반백에 다섯을 더한
올해
크고 우람한 불유구不踰矩
물푸레나무
영광스러운 광고인상을 수상했다

새봄 여린 초록 잎새 싱그럽고
한여름 짙푸른 녹음 더위 식혀주고
가을 부드러운 단풍 빚어내
겨울 나목 몸매 더없이 아름다운
물푸레나무

같이 즐기고 항상 포용하여
자연에 순응하여
역함이 없으니
반석 같은 길 걸어온
신종여시愼終如始
그런 영산
물푸레나무라니
걸맞지 않은가

잔잔한 말소리
믿음이 있고
부드러운 행동은 과하지 않아
미풍에 살랑이는
5월의 물푸레나무같이
정답지 않던가

태풍이 몰아치고 비바람이 불어도
언제나 그렇듯이
풍경화 속 정물처럼
항상 우리와
함께 하는 이는
역시 영산, 영산이 아니었던가

아미산

자네는 아는가?
아미산이 있는 곳을

영천의 보현 줄기
서쪽으로 뻗어내려
팔공을 앞에 두고
옆으로는 낙동이요
서쪽으로 금오일세
풍광이 너무 좋아
소 설악이라 부른다네

자네는 보았는가?
아미의 만추를

바위산 돌길 힘이 들지만
눈 들어 앞을 보니
만산홍엽
추색이 일색이네
청솔 억센 뿌리
영겁에 닿아있고
얽히고설킨 모양
볼수록 진기하네

진한 솔 내음
가슴을 틔워주고
발에 밟힌 낙엽
가을 소리 전해주네

푸른 하늘 흰 구름
봉우리를 감싸 안아
설악 내장 붉은 단풍
아미와 함께하네!

한 번뿐

인생은 내려오지 못하고
올라가야만 하는
한 번밖에 할 수 없는
산행이라고 합니다

오르기 전에 이것저것 열심히 준비하여도
한 번도 가보지 못한 길이기에
불안하고 두려워합니다

모든 사람이
각자의 산길을 올라가야 합니다
모두에게 길이 있지만
같은 길이 하나도 없습니다
그래서 산행은
다른 사람 말이
정답이 되지 않습니다

자기 산행에 맞는 방법을
스스로 만들고 찾지 않으면
다른 사람의 방법은
아무짝에도 쓸데가 없습니다

산행을 시작하여 한 고비를 넘습니다

꽃도 피고 나무도 있고 숲도 아름다워
이런 길이 계속되리라
신이 난 마음이 느슨해집니다

그것도 잠시
앞에 보인 고갯길을 오르니
양쪽으로 천애 낭떠러지 좁고 좁은 바위길
정신을 차리려 해도 혼미해 앞이 가늠되지 않습니다
심장이 터지도록 온 힘을 다해 겨우 나아갑니다

온통 까만 암흑 기진해 일어설 수가 없습니다
손을 내밀어 도움을 청해보지만
돌아오는 것은 그저 침묵뿐
이제는 다 끝난 것인가?
절망에 빠집니다

그러나 아직은 아니야 하면서 다시 세상을 바라봅니다
동굴 속에 비치는 한 줄기 빛처럼
스스로 다짐의 손길을 잡고 겨우 일어서서
그 험한 길을 다시 걸어갑니다

높고 낮은 산봉우리를 둘러보며
두 다리에 힘을 실으며
그래, 산행 길은 그리 만만하지 않아
다시 정신을 가다듬고 또 올라갑니다

칠순 봉우리 올라서서 아래쪽을 되돌아봅니다
때론 아름다웠고 때로는 험난했던 그 길이
한눈에 들어옵니다
저 길을 다시 가라고 한다면
실수도 후회도 없이 잘 할 수가 있을 터인데
한 번밖에 없는 산행길이 안타까울 뿐입니다

이제 정상이 얼마 남지 않았습니다
한눈에 들어오는 저곳
바로 저곳이 우리가 서야 할 산행의
마지막 코스입니다

그렇지요
누가 가르쳐 준다고 그냥 쉽게 갈 수 있는 길도
어렵다고 누구에게 대신 해달라고 할 수 없는
그 길이 바로 나만이 가야할 내 산행길입니다

같은 잔의 물을 보고 이것 밖에 없냐고 불평하는 사람보다
아니 아직도 이렇게 많이 남아 있어 라고 말 할 수 있는 사람이
미지의 산행길을
즐겁고 명랑하게 그리고 재미있게 갈 수 있습니다

누군 말합니다
알지 못하기 때문에 기대가 된다고
꽃길일지 바윗길일지 닥쳐봐야 알 일이지만

가기 전에 준비할 것 중에 가장 필요한 것이
아직도 많이 남아있다는
여유로운 마음가짐입니다

어느 누구의 산행 길도 값으로 따질 수가 없습니다
한 길 한 길이 의미가 있고 뜻이 있기 때문입니다
내 산행 길을 잘 가기위해서
다른 사람들이 올라가고 있는
모습을 보고 배워야만 합니다

오늘도 우리는 산행을 합니다
그래서 우리는 행복합니다
한 번밖에 없는 인생 산행길을
다시 또다시 반복해서 배우고 있기 때문입니다

언젠가 우리 누구나 정상에 오르게 됩니다
그것은 모든 것의 끝이 아니라
우리 생각을 뛰어넘는
새로운 세계가 시작되는 출발점이 될 것입니다

4부

차분한, 깊은 생각

움트지 않은 나무 잔가지

꽁꽁 얼어붙은 계곡물

파도처럼 퍼지는 봄의 속삭임

다 듣고 있다

현비암

용전천 한쪽에
우뚝 솟은 현비암
전설의 이무기
용이 되어 올랐다는 곳

깊은 산골 청솔 뿌리
적시고 흘러나와
하얀 모래밭
스미듯 모여
용전천 맑은 물

현군 세종대왕
소현 왕후 청송 심씨
용꼬리 현비암
조상이 모셔진 곳

푸르고 맑고 깨끗함이
어울리는 심성 고운 사람들
임란 때 왜놈도 무서워
들어오지 못했다는
여송如松 여송如松 청송이라네

막내동서

얼마 전까지만 해도
회갑은 인생을 마무리하는
중요한 해가 되었는데
요즈음엔 너무 흔해
누구나 그냥 그렇게
지내는 생일날

동양의 육십갑자를
중하게 여기면서 살아온 우리 정서엔
회갑은 태어나 갑자가 한 바퀴 돌아서
제자리에 오는
의미 있고 뜻깊은 날

이젠 새로운 출발점에 서서
마음 가라앉히고
차분히 생각을 깊이 하고
정교하게 설계하여
새로운 집을 짓는 날

백세 시대라는 말이
쉽게도 들을 수 있는 세상이 되었으니
너무 오래 산다고
걱정하는 사람들도 많지만

그것은 피조물이 관여하는 일이 아닌
절대자의 몫

그대 육십을 맞이하였다니
축하 축하드리고
성심 깊고 덕성 좋은 인품이니
새롭게 시작하는 이제부터의 삶이
모든 이의 축복으로
더욱 풍성하게 되소서!

중추가절

낙엽은 산허리에 휘감아 돌고
마른 잡초를 스치는 바람 소리는
인생의 무상함이 가득하다
전국에서 모여
인사를 드리고 서로 안부를 묻고
또다시 일 년을 기다리다 만나게 된다.

돌아가신 아버님의 말씀이 들리는 것 같은
산소에 들르면
왠지 가슴이 뭉클해진다.

달유제선지성獺有祭先之誠이요
수달도 조상에게 제사 지내고
오위반포지효烏爲反哺之孝라는데
까마귀도 늙은 어미에게
먹이를 가져다주어 효도한다는데

성공한 삶, 기쁨 넘치는 인생,
화려한 축제 같은 삶을 살아왔는지!
조상을 모시고 부모님에게
효도하는 것이
삶을 풍요롭게 하고 더욱 행복하게 만들어

주는 것임을
올 추석 다시 되새겨 본다.

민어

백성의 물고기라 이름도 많아 서울 상인들
크기에 따라
보굴치, 가리, 어굴치, 상민어, 민어라
어부는 개우치, 홍치, 불등거리, 가리,
그것도 모자라서 어스래기, 상민어라

맛이 그리 좋은 것은
갯벌에 숨은 가재, 게, 작은 고기 잡아먹고
3, 4척이 넘게 자라는데
몇 해나 걸렸는가?

풍채도 의젓
복더위 보양식은 일등이 민어
도미가 이등이고
그 잘난 보신탕이 삼 등이다.

사는 곳이 넓지 않아
모르는 사람 맛보기 어렵다
남해안 여수에선
제사상에 올리는 귀하신 몸.

살아생전 못 드신 백성 어류
돌아가신 다음에라도 드시라고

찜으로 말린 민어 굴비 그 맛이 일품인 것
차려 놓고 절 올리고 또 올리네

흑산도 앞바다 유월쯤
그물로 잡거나 낚시로 잡는다
일 척이 안 된 것은 포획이 금지되어
더 잘 키워 잡도록 어종을 보호한다.

목포 신안 푸른 바다
초여름부터 한여름까지
복더위 맞춰 잡은 개우치 한 마리
몸보신하게 되니
가히 민어民魚라 불러도 부족함이 없네

폭포골

<其一>
약사암 옆에 끼고 돌아든 폭포골
계곡에 올라서니 보이는 것 크고 작은 폭포들
무더위에 지친 달구벌 사람들 이 좋은 곳을 모르는가
시원한 물소리 대구 더위 다 가신다.

<其二>
폭포골 물소리 무더위가 사라지고
울울창창 깊은 숲은 속세를 잊게 하네.
책 보고 배운 지식 현장에서 되새기니
더욱더 새로워진 비목과 괴목이다.

<其三>
벽만 남은 돌집 지붕은 날아가고
30년 전 번화한 시절 인걸은 간데없다
고적한 계곡에 귀곡 산장 적힌 이름
땀 젖어 올라가니 이 더위 싹 가신다.

<其四>
차 세운 주차장 3킬로 되는 거리
폭포골 반환점 가는 길 쉽지만은 않지만
큰비 내려 시원한 폭포 소리
빨간 하늘말나리 웃으며 맞아준다

<其五>
동화사 일주문 옆 그늘 밑에 차 세우고
길고 긴 폭포골 샅샅이 돌아보고
계곡물 신선놀음 발 담그고 내려오니
석양빛 달구어진 자동차 구릿빛이 다되었다.

일흔두 송이 장미꽃

오늘 아침 집사람 생일이라서
칠성 꽃시장에 갔다.
장미꽃 72송이를 꽃다발로 만들어
주면서
꽃가게 아주머니
'꽃값이 싼 여름에 생일을 맞이하니 좋겠네요.'
라고 말한다.

생일이 좋고 나쁨이 꽃값과 관련되어 있다니?
역시 자기 생활이 기준이 되는가 보다.
이 세상에 좋고 나쁨을 어찌
사람마다 따져 갈릴 수 있겠는가?
원효대사 일체유심조一切唯心造라 했지 않던가?

일흔두 해 살아온 세월 가볍지는 않아
딸 하나 아들 둘
시집 장가 다 보내
부족하고 모자람이 어찌 없겠는가마는
열성으로 자기 몫을 다하고 있음을
이 세상 물처럼 살아가는 당신 덕분

부모 생일, 제사, 시제
자식들 뒷바라지까지

바쁜 세상 사리에
챙겨야 할 것도 많고 많아
답답해 짜증이 나겠지만
이 모두가 다 같이 모여
인생이라는 큰 탑을 만드는 것
쉽고 편안하게 사는 것이 삶이 아니라
행복하고 즐겁게 사는 것이
더 중요한 것이라 한다면
하나도 빼지 말고 차근차근 챙겨야 할 일

현명한 사람은 경험하지 않아도
만사 쉽게 느끼고 납득 된다고
우리 가족 모두 지혜롭게 되길
당신은 가르쳤다.

오늘 당신 생신
열과 성, 정성을 다하는
자식들 모습
깊은 감동 느끼는 날
충만한 행복에 젖어
땅에는 평화 하늘에는 축복
항상 오늘 같은
당신이기를

고산골 공룡

기상청이 만들어지고 가장 높은 40도까지 올랐다는 오늘
여섯 살 박이 손자를 데리고 공룡을 보러 갔다.
그만한 나이 때면 머릿속에 한 가지 생각으로 가득 차
무더위가 무슨 문제인가 그저 공룡을 만나는 것만으로도
이미 마음은 하늘을 난다.

승용차 속에 에어컨을 빵빵하게 틀고
도심을 지나 고산골 주차장
가히 살인적인 더위가 이미 점령했다.
모자도 물병도 챙겨
20~30미터만 걸어가면 공룡이 나온다.

땀도 나고 숨도 헐떡이지만
손자 녀석은 신이 났다.
브라키오사우루스 목 길이가 수 미터에 달하고
덩치는 코끼리 두서너 배나 된다.
가끔 꼬리도 흔들고 입을 벌리고 우는 소리를 내는데
볕에 아랑곳하지 않고 작은 목을 길게 늘이고
높디높은 브라키오사우루스의 얼굴을 살핀다.

어린애들은 왜 공룡을 저리도 좋아할까
진화과정에서 인간의 원조이었던가
저리 잘 생기고 균형 맞춘 공룡들이

무리 지어 평화롭게 살던 지구에
언제부터 서로 미워하고 질시하며
죽이고 싸우면서 지옥 같은 세상을 만들어 가는
Homo sapiens 인간이라는 동물들!

공룡을 보며 우리를 되돌아보는 날이 되었다.

비파나무

겨울 추위 유난한
대구에 시집온
보길도 비파나무
작은 화분
노란 열매 꿈 키우고 있다.

어린이 손 닮은 잎
두고 온 고향 그리는지
남향으로 살며시
손을 펼치고 있다.

그 모습 보살피듯
주위에 매실 감 진달래들
찬바람 불어오면
조용히 몸으로 막아준다

이제 한겨울 시집살이 거쳐
봄 지나 한여름 싱싱하게 자라
드디어 보길도 바다 향기
우리 집 마당에
출렁이리라.

새로운 시작

조용한 깊은 밤은 숲이다

모든 잡소리가 죽어있는 무덤이다

깊은 사색으로 대화를 나누는 신이다

긴 잠에서 깨어나 창조된 신천지다

건양다경

오늘 봄이 시작된다는
입춘
산 능선 잔설 아직 남아
잎 진 앙상한 나뭇가지
아무런 기척 없는데
달력에 봄 오는 날이라 적혀있습니다

움트지 않은 나무 잔가지
꽁꽁 얼어붙은 계곡물
파도처럼 퍼지는 봄의 속삭임
다 듣고 있습니다

심안으로 느낄 수 있다는
일월의 운행
마음공부 모자라
어찌 알 수 있겠는지요

입춘 오면 해 왔던 일
입춘대길 入春大吉
건양다경 建陽多慶
봄이 오길 기다리고 있는 당신에게
내 마음 적어 보내 드립니다.

곡성옥당 성당

곡성 오곡 미산리 가마터에서
을유박해 피해 강원 경상 신자들
그 먼 길 전라도 곡성까지 내려와
오곡 미산리와 승법리에
가마터 잡아 옹기 구우며 숨어 살았다.

을유 박해 순교자 한토마스의 아들
한백겸은 주사가 심해
옹기가마 여는 날, 때맞은 잔칫날
술에 취해 예비신자 주막집 전 씨 부인에게 행패부리니
화가 난 전 씨 앞뒤 가리지 못하고
마을 사람 천주쟁이라 관가에 고발
놀란 곡성현감 포졸 풀어 천주쟁이 잡아들이라 불호령이 떨어졌다.

잡혀온 신자들 너무 많아 객사로 옥을 삼아 잡아 가두고
천주쟁이 검거령이 전국에 내려져
천지가 박해 세상이 되었다.
반 천명이 잡혀 와 혹독하게 고문하고
굶기길 시작하니 대부분이 배교했다

프란치스코 교황님
광화문 광장에
전국의 수백만 신도들 모아 놓고
1801년 을유박해, 1827년 정유박해, 1837년 기해박해
순교자

복자 윤치중 바오르와 동료순교자 123위 복자품에 올렸다.
땅이 소리치고 하늘이 대답하니
평신도에서 시작된 한국 교회
순교자 정신이 더욱 빛이 났다.

정유박해 진원지 곡성 옥당 성당 터
신도들을 감금했던 객사 자리에
130년이 지난 1957년 광주교구장 하놀드헨리 주교
신도 수 10명밖에 되지 않은 곳에
옥당성당을 지어 2008년 50주년
전국의 순교자 순례성지로 우뚝 세웠으니
가깝지 않은 거리를 달려 만촌2동 신자들도
거룩한 이곳을 방문했다.

이른 아침 성당 앞
4대의 대형버스
옥당성당에 도착하여
순교자 성당역사 설명 듣고

이정언 바오로, 복자 안군심 리카르도, 복자 박경화 바오로
이야길 들었다.
순교하면서도 즐겁고 행복한 마음으로
죽음을 맞을 수 있었음은
오로지 하느님에 대한 성심 때문
객사 자리 바로 옆에 군 청사가 자리 잡아
5월의 성지는 아늑한 분위기

옥당성당 신자들 맛있는 점심상 차려
대구 신자들 따뜻이 맞아
가오리무침, 김치, 개란 반쪽, 생선조림,
제육볶음 거기에 맛있는 백반
기분 좋게 오순도순 점심을 마치고
14처 기도시작 하였다.

넓은 부지 담벼락을 따라
마지막 14처 옆에 감옥
그 안에서 고통 받던 신자들
처절한 그 모습 눈 뜨고 볼 수가 없었다.
성모님의 달 가장 아름다운 오월
잘 가꾸어 놓은 수목들은 초록으로 빛나고
김대건 신부님 동상 주변에 하얀 꽃이 한창인
아름다운 산딸나무

뽕나무 오디, 앵도나무 열매, 키 큰 이팝나무,
우람한 팽나무
예쁜 성모상 앞에 선 주목
잘 가꾸어
정성을 다한 신자들의 믿음을 보여주니
따스한 햇살 아래 피어나는 성심

영취산 통도사 靈鷲山 通道寺

새것을 싫어할 인간이 어디 있을까?
봄! 그것도 새봄에
가장 먼저 그 소식을 전해주는
자장매가 피었다는
영취산 통도사가 나를 부른다.

우리나라 유명한 삼보사찰
법보사찰 해인사는 팔만대장경을 가져 붙여진 이름이고

승보사찰 송광사는 참선의 도량
자장율사,
선덕여왕 5년에 당나라 오대산에서
문수보살을 친견하고
부처님 사리와 가사를 가져와
통도사 금강계단 만들어 보관하고 있는 곳
이곳이 바로 불보사찰 통도사라네

영남 알프스 한 자락 영취산
흘러내린 긴 산줄기 안쪽
아늑하게 자리 잡은 천년 사찰
앞마당
임진란 후 통도사 중창한 우운友雲대사가
역대 조사 진영 모실 영각影閣에 상량 올리니
홀연히 매화 싹이 돋아
해마다 섣달 납월臘月에 연분홍 꽃이 피어
사람들은 자장율사의 이심전심이라
자장매라 이름 붙였다지요

혹독한 추위 다음 매화향 더 짙어지는데
수행자의 구도행처럼
자장율사의 지계持戒 정신을 닮았다고
사람들이 붙인 이름이라 하니 그 뜻깊지 아니한가
정초에 자장매 아래서 소원을 빌면 좋은 일들이
꽃길처럼 열린다고…
우리도 소원을 빌어 보네.

370살이 넘은 자장매
금년 겨울 엄청 추워
봉오리 탄탄히 부풀었으나 활짝 핀 꽃은
두어 송이뿐
시간 내어 발품 팔아 여기 온 사람들
아쉬워하지만
탐매는 활짝 핀 것을 보는 것보다
꽃봉오리 반개화를
꽃 감상할 줄 아는 이는 더 좋다하지요

탐매探梅란
지색知色, 지형知形, 지향知香이라 하고
귀희불귀번貴稀不貴繁이고, 귀노불귀눈貴老不貴嫩이요,

귀수불귀비貴瘦不貴肥이고, 귀함불귀개貴含不貴開라 하니
가지가 드문 것이 귀하고 무성한 것은 귀하지 않으며
늙은 나무는 귀하고 어린나무는 귀하지 않고
마른나무는 귀하고 살찐 나무는 귀하지 않으며
아직 덜 핀 것은 귀하고 활짝 핀 것은 귀하지 않다고 했다네.

반개화가 좋다고 한 것은
활짝 핀 매화, 지는 것이 두렵기 때문이니
아직 피지 않고 피려고 하는 것은
그래도 마주해서 기다림이 있기 때문이라네
삼백 년 훨씬 넘게 더 살아왔으나
사람 키 두길 밖에 되지 않지만
해 묽은 몸매가 고풍 물씬하고
잘게 뻗은 가지 마디
옹골차게 부푼 꽃송이
이미 그 속에 다가올 봄소식 한껏 담겨있네.

멀리 있는 지음知音에게 보내주고파
열린 꽃 찾아 초점을 맞추어
찍어낸 몇 장의 사진 속에
암향暗香 가득하네

자장매 만발하면
전국에서 매화 구경
사진기 메고 그림 도구 가지고
구름처럼 몰려온다고 하는데

오늘 날씨 싸아하여
자장매 앞에
화판 펼친 이 단지 한 사람뿐

홍매 구경 마치고 올라가면
황화각 앞마당
은목서, 금목서 그리고 동백이
이름표 붙이고
아름다운 몸매 자랑스럽게 서 있는데
9~10월 가을 초입에 피는 목서꽃
코끝에 스치는 그 향기 맡은 사람
좋아 죽겠다고 말할 것이 틀림없네.

세존비 앞마당 삼척 높이 팔정도 탑
정견正見, 정사正思, 정어正語, 정업正業,
정명正命, 정근正勤, 정념正念, 정정正定이라 적혀있네
어느 누가 그럽디다
오늘을 사는 우리는 머리와 발이 너무 멀다고
팔정도八正道 글 안다고 그 무엇 하겠습니까?
행동하지 않는다면
차라리 모르는 것이 더 나을 것이라 하지요
그렇지요
조금 안다고 말만 많아질 터이니
주변에서 더욱 싫어할 뿐일 것을

대웅전 금강계단 국보 290호
정면 3칸 측면 5칸 모양새 특이한데
대웅전 안에는 모셔진 불상 하나 없이
북편 벽면 일자 문밖 금강계단
석가모니 진신사리 불심을 높여주네
건들 바위 서봉사 대웅전도 통도사 것을 본떴다니
묘한 모양 다시 한 번 고개 들어 쳐다보네

세월이 묻어나는 쇠락한 단청 색깔
새로이 단장해도 될 일 같지만
단청 목재 너무 나이가 들어
화장발이 받지 않는다 하니
오래된 천년 사찰 귀히 다뤄져야만 할 것이네

만세루 관음전 용화전 황화각
영각 영산전 극락보전 돌아 나와
천왕문 다리 건너 주차장으로 가는데
새로 지은 성보박물관
통도사 건물 가운데 가장 크게 보이니
주객이 전도된 것 아닌가?

화장실이 본집보다 크다면
그 이름
화장실이 될 터인즉
통도사가 아니라 성보박물관이라 이름을 바꿔야할 판
크다고 좋은 것이 따로 있는데
본집보다 더 큰 박물관이
돈 자랑하는 것 같아
보는 대중들에게 어떻게 비추어질지

초심이 바뀌면 본질이 무언지 몰라
소리 없이 스러지고 만다는데
우리 정신 맑게 해준다는 불심은 어디 가고
상심商心만 가득하니
이래서야
종교가 어찌 대중 정신을 이끌 수가 있겠는가?
불교만 나무라겠는가
우리나라 종교란 종교가 다 그렇고 그렇다고 하니
지금 이 땅에 발을 붙이고 사는 우리 모두 다 같이
부끄러운 줄 알아야 할 것 아니겠는가?

통도사 가진 땅이 5,830정보
대구 앞산보다 스물다섯 배나 된다고 하니
넓기도 넓어 골골마다
13개나 되는 암자가 자리 잡고 있다는데
오늘은 서운암과 자장암을 가기로 했네

서운암에 올라가는 넓은 밭 자락
이팝나무 백송 심고 자연동물원 만들었네
회오라비 물통 지킨다던데
조금도 움직임이 없이 서 있으니
보는 사람 중 한 사람이
조형물이 분명하다 말하는데
발소리 죽여 살며시 다가가 보니
움츠렸던 긴 목이 쑥 올라와
깜짝 놀라 물러섰다네.

금술 좋은 거위도 암수 한 쌍 보였는데
같이 한 이 선생님
왕희지 붓글씨 쓸 때
거위가 모이 먹듯 하라 했다고
오늘도 또 한 수 배웠다네
토끼 같은 작은 동물도 있다는데 날씨가 추운 탓에
둥지에서 나오지 않아 만나 볼 수 없었네

서운암 안에는 도기로 만든 팔만대장경

5천2백만 자 보존하고 있다는데
이 많은 설법을 중국의 삼장법사
반야심경 260자로 줄이더니
원효대사 다시 5자로 줄였다네
그것이 바로 '일체유심조一切唯心造'라는데
해인사 성철스님 이것을 다시 줄여 심心이라 하였으니
마음 줄 잘 다스림이 성불의 지름길이라 하셨다네

서운암 앞마당 내려 보는 풍광
너무나 아름다워 입이 딱 벌어지네
통도사길 왼편에 영취산 힘찬 줄기 내리쳐서 펼쳐지고
오른편 낮은 능선
남향 햇살 듬뿍 받아
아래쪽 평평한 벌판에
이팝나무들 수년 지나 꽃동산을 이룰 터
사시사철 불자들의 환상의 휴식처가 될 것이 확실하네

금강산도 식후경이라는데
풍광 좋은 마당 벤치
가져온 떡 과일 꺼내 놓고
주고받고 먹고 마시니
이보다 저 좋을 수가
느긋해진 마음과 몸이 활력이 솟아나네

이제 마지막 코-스
자장암을 찾아 떠나

언덕 넘어 내려가니
바위 아래 아늑한 터에
정결하게 자리한 암자

통도사 짓기 전 자장율사
여기에 움막치고 도 닦은 곳
뒤쪽 선바위에 손으로 구멍을 뚫고
그 속에 금개구리를 길렀다는데
작은 구멍 안을 들여다 본 사람 중에
개구리를 보았다는 귀련씨가 있었네

자장율사 언제 사람인데
그때의 금개구리 지금까지 살아남아
오늘 사는 우리에게 그대로 보이다니
이야말로 부처님의 공덕인가
보인 사람에게만 보인다는데
돌아와 보았다는 사람 또 만났으니
그 역시 심안心眼을 가진 것인가?
보지 못한 사람들
부처님 공덕 모자라기 때문이란 말 듣는다 한들
유구무언有口無言이라네

안정되고 평화로이 자리 잡은 관음전 주련은
白衣觀音無說說 백의 관음은 말없이 말하고
南巡童子不聞聞 남순 동자는 듣지 않고도 듣도다
瓶上綠楊三際夏 꽃병의 푸른 버들가지는 한여름인데

巖前翠竹十方春 바위 위 푸른 대나무는 이제 봄일세
라고 적었네

자장암과 산신각 같이 붙어 있는데
마당 옆 큰 바위에 새겨진
범상치 않은 부처님 얼굴
소나무 노거수 곳곳에 오래된 세월의 이끼 서리고
내려오는 둥근 돌 문 옆 길게 누운 소나무
보는 이 모두 감탄하며 사진으로 남겨놓네

때도 많이 지나 점심 약속 시각 맞춰
다인이란 식당
연잎에 싸서 만든 오리 훈제 찜 맛있게 먹고
이 선생 집 담은 곡주
누룩 향기 그윽하니
심신의 피로가 단 한잔에 날아가네

통도사 홍매화 보러
왕복하여 5백 리 길
숲과 문화반 친구들 관포지교 맺어져
신명이 나서 둘러 보내
만개한 매화꽃은
반개화만 못하다고 되뇌이며
봉우리 진 매화꽃과 반개한 매화꽃
거기에 한두 송이가 활짝 핀 꽃송이까지
한꺼번에 다 만나본 오늘

이 아니 횡재라 할 수 있지 않겠소

자장매 앞에서 드리는 기도는
꼭 이루어진다 들었는데
그곳에서 못 바친 기도 아직도 있으시면
홍매화 사진 보며 곧은 마음으로 기도 올려보세
위태위태 걱정되는 나라 위해 기도하고
엑스코에 지하철 없는 이상한 대구 위해 기도하고
동양고전연구회 더욱더 큰 발전 있기 기도하고
그리고 또 튼튼하고 건강한 우리 가정 위해 기도하세

증자曾子가 말하길 오일삼성오신吾日三省吾身하였다고 하니
우리도 오늘 하루 무엇이 모자랐고
무엇이 잘못되었는지
다시금 생각하며 새롭게 마음 가져 봄이 어떠실는지

봄이 오는 이 계절에 봄의 노래 들어보며
우리도 모두 새롭게 되어
즐겁고 재미있는 통도사 탐매 기행
다시 한 번 돌아보네.

작품 해설

산문시를 지향한 나무 박사의
첫 산문·서정 시편들

김원중(한국문협고문·포스텍 명예 교수)

  나무 박사 박용구 교수, 아니 박용구 시인의 처녀시집 <아껴둔 말> 원고를 받아 읽고 내가 문학청년 시절 좋아하고 즐겨 읽었던 보들레르의 산문시와 투르게네프의 산문 시집에 빠졌던 때가 떠올랐다. 보들레르는 <악의 꽃>이란 상징주의 시인으로 유명하였고 투르게네프는 근대 러시아의 문학사에 최초로 산문시를 개척, 정착시킨 시인으로 유명하였다. 나는 <투르게네프 산문 시집>을 읽고 충격, 흥분했던 시절이 떠올라 문학 시간에 가끔 읊어보기도 한다. 특히 "첫사랑", "참새" 같은 산문시는 영원히 내 가슴에 남아 있는 것이다.
  산문시는 단순한 서정시와는 달리 이야기가 있기에 독자의

뇌리에 오래 남는다. 박용구 시인의 첫 시집 원고를 읽으면서 이분은 산문시를 계속 공부하고 살면 되겠구나 하는 생각을 하게 되었다.

박용구 시인의 시의 호흡이 산문처럼 길고 할 이야기가 많은 것 같아 계속 산문시만 썼으면 하는 바람이 생긴 것이다. 다만 산문시의 특징인 풍자에 관한 공부만 살려낼 수 있었으면 한다. 즉, 산문시는 장시(長詩)이고 풍자시가 되어야만 성공한 시로 남는 것이다. 박용구 시인만의 개성을 나타내는 각광 받는 시인이 되려면 산문시로 성공하는 것이 바람직하다는 것이다.

진흙에 스미어드는 빗물처럼
아픔이 온몸을 잡고 흔든다.
이제 내 삶이 종점에 와 있는 것 같다.

과다루페, 루르드, 파티마에서도
기적이 일어났다고 하는데
고통을 견디지 못하고
숲속으로 기도처로 절간으로
기적을 찾아 떠난다고 한다.

아들 공부시켜 장가보낸 지 한 해
아직 그대로 집에 남아있는 딸내미
시집보내야 한다는 마누라 안달이 부쩍 늘었는데

독한 병이 온몸으로 퍼져 로봇으로 잘라내고
항암제로 머리털이 빠진다고 걱정하는데
이렇게 쉽게 끝나는 것이 인생이라는 것...

공자 석가 예수에 대해 더욱 깊이 생각해 보았으면
좋았을 것인데 이미 화살은 활시위를 떠나가 버렸다.

초가을 코스모스 꽃이
찬 아침 이슬을
온몸으로 적시어 가면서
꽃을 피우듯이

이제 작은 생명의 끈을 놓아야만 한단 말인가?
다시 또다시 성당 십자가 앞에서
주님의 은총에 고개 숙인다.

<절망>전문

  마치 투르게네프의 산문시 한 편을 읽는 것 같다. 투르게네프의 사상은 허무주의이다. 그의 소설 <아버지와 아들(父子)>은 문학사에 허무주의 문학으로 크게 평가받았다. 원래 박용구 교수는 과학자로 성공한 분이다. 가톨릭 신자이면서도 불교에 심취하고 불교적 허무주의 사상이 인생과 문학의 바탕에 깔려있다. 우주적 생명체인 나무를 연구해 왔듯이 인생 2막에

서는 나무의 생명처럼 문학의 생명을 살리는 시를 생산하면 문학사에도 크게 평가받을 것이다. 한편 더 감상해보자.

무더운 한여름 창문 앞
장미 닮은 무궁화 꽃 피었다.
이 꽃 고향은 프랑스로
이사 올 때 친구가 기념으로 준 꽃나무다.
이제는 40년이 넘었으니
이 나무도 웬만큼 나이를 먹어
대궁이 손목만큼 굵어져
꽃이 드문 한 여름에 꽃 대궐을 만든다.

이집 저집 이사하길 여러 번이었지만
항상 마당 귀퉁이에 심어
올해도 똑같이 꽃이 필 때마다
나무를 준 친구의 마음을 생각한다.

그렇게 열심히 살았던 그리도 건장하던 사람이
희수를 넘기더니
이곳저곳이 쑤시고 아파
엊그제 목 디스크 수술을 받았다고 한다.

몸에 칼을 댄다는 것은
죽기보다 싫다고 한 사람이다.

중국의 화타 같은 명의를 만나
올해도 화려하게 핀 로즈 무궁화 꽃처럼
맑고 깨끗해지길
두 손 모아 기도한다.

<로즈무궁화 꽃>전문

 박용구 시인의 또 하나의 장점은 한 분야에 평생 매달려 공부한 학자라는 점이다. 전문인은 자신의 전공을 문학으로 재생할 수 있는 무한한 소재를 가지고 있다. 더구나 박용구 시인은 문학 이전에 자연과학의 으뜸가는 생명체인 나무를 전공했고 사랑한 자연과학자가 아닌가.
 무궁무진한 나무라는 전문지식을 시적 소재로 삼아 시로 창조할 수 있다면 빛나는 시인으로 우리 문학사에 기록될 것이다. 끝으로 한 편만 더 감상해 보자.

높은 곳에 지어진 집 전망 좋아 이사하였다
대도시지만
아래쪽 주택들이 밀집한 곳
울긋불긋한 지붕 이어진 이층집들
밤이 되면 창문마다 불빛 비쳐
사람 사는 냄새에 정감이 든다.

바로 앞 단독주택이 헐리고 4층짜리 원룸이 세워졌고
그 옆집 또 원룸이 생겼다.
열두 방 창문에 불이 켜진 곳 두 서넛
이제 4, 5년이 지났는데 벌써 생기가 없다.

몇 번째 주인이 새로 바뀌고
은퇴한 듯 중늙은이
아침마다 빗자루 들고 집 앞길을 쓸고 있다
세상모르는 교직 은퇴자 원룸에 목맨 것 아닌지
쓸데없는 걱정에 이 밤도 지샌다.

<세월>전문

"꿈보다 해몽이 좋다"는 속담이 있다. 박용구 시인의 산문시를 읽고 짧게 해설하는 것이 바람직할 것이다. <세월>을 마지막으로 노래하면서 이 글을 마치고자 한다. 자연과학자, 교수가 아닌 시인으로 함께 여생을 즐기면서 살았으면 기원한다. 더욱 정진을 바란다.